おじいちゃんやおばあちゃんが
生まれた「大正」や「昭和」が、
西暦でいうと何年のことか
この表ですぐにわかるよ！

「昭和」って、
ずいぶん長く
続いんだね！

西暦	元号
1973年	昭和48年
1974年	昭和49年
1975年	昭和50年
1976年	昭和51年
1977年	昭和52年
1978年	昭和53年
1979年	昭和54年
1980年	昭和55年
1981年	昭和56年
1982年	昭和57年
1983年	昭和58年
1984年	昭和59年
1985年	昭和60年
1986年	昭和61年
1987年	昭和62年
1988年	昭和63年
1989年	昭和64年（1月7日まで）
平成	
1989年	平成元年（1月8日から）
1990年	平成2年
1991年	平成3年
1992年	平成4年
1993年	平成5年
1994年	平成6年
1995年	平成7年
1996年	平成8年
1997年	平成9年
1998年	平成10年
1999年	平成11年
2000年	平成12年
2001年	平成13年
2002年	平成14年

西暦	元号
2003年	平成15年
2004年	平成16年
2005年	平成17年
2006年	平成18年
2007年	平成19年
2008年	平成20年
2009年	平成21年
2010年	平成22年
2011年	平成23年
2012年	平成24年
2013年	平成25年
2014年	平成26年
2015年	平成27年
2016年	平成28年
2017年	平成29年
2018年	平成30年
2019年	平成31年（4月30日まで）
令和	
2019年	令和元年（5月1日から）
2020年	令和2年
2021年	令和3年
2022年	令和4年
2023年	令和5年
2024年	令和6年
2025年	令和7年
2026年	令和8年
2027年	令和9年
2028年	令和10年
2029年	令和11年
2030年	令和12年
⋮	⋮

はじめに

　超高齢社会の日本は、子どもの数がへりつつあり、少子高齢化が世界でいちばん進んでいる国です。全人口は減少していますが、お年よりの数は今後もふえてゆき、2040年ごろまで増加が続きます。

　お年よりにもみなさんと同じ小学生だった時期があります。いまとは時代がちがうため、みなさんとはことなる経験をたくさんしています。勉強の内容も、遊びもちがいます。しかし、子どもであったことにちがいはありません。おたがいの気持ちは十分に理解しあえるはずです。

　このシリーズでは、小学生のみなさんがお年よりへの理解を深め、世代をこえてふれあうためにはどうすればいいのかを考えていきます。超高齢社会をともに生きていくためにはどのような課題があるのか、知恵をわかちあい、ささえあうにはどうしたらいいのかを調べたり、話しあったりするきっかけにしてください。

　さて、この第3巻では、認知症のおもな症状や認知症になった人にどのようにせっすればいいのかについて解説します。また、介護の仕事をする人たちに仕事の内容や、やりがいをたずねます。いくつになっても幸せに生きるにはどうすればいいかを、いっしょに考えていきましょう。

大阪大学名誉教授／大阪府社会福祉事業団特別顧問

佐藤眞一

おじいちゃん、
おばあちゃんを
知ろう！ ③

どうささえる？
認知症・介護

監修 佐藤眞一
大阪大学名誉教授／大阪府社会福祉事業団特別顧問

小峰書店

もくじ

この巻の登場人物

ゆい

小学4年生
遠くに住むおばあちゃんに会いに行くのが楽しみ。でも最近おばあちゃんの様子がこれまでとちがうことがあって、気になっている。

はると

小学4年生
同じ家に住んでいるおじいちゃん、おばあちゃんと夕ごはんをいっしょに食べたり、テレビを見たりしながらよく話す。

サトウ
先生

お年よりの研究者
お年よりの気持ちや行動にくわしい。お年よりについて多くの人に知ってもらうため、講演をしたり、本を書いたりしている。

全4巻 『おじいちゃん、おばあちゃんを知ろう!』

1巻 お年よりって どんな人たち?

「高齢者」といわれる人たちの多様性をさまざまな年代で紹介するとともに、共通してあらわれる体や心の変化をみていきます。

2巻 遊びや知恵を わかちあおう!

昔の遊び、食やくらしの知恵、手仕事の技をお年よりから教わるとともに、子どもが先生となれる交流やふれあうときのコツを紹介。

この本!

3巻 どうささえる? 認知症・介護

認知症について、よくある症状や当事者の気持ち、対応などをわかりやすく解説するほか、けがの予防策や介護の仕事などを紹介します。

4巻 超高齢社会って どんな社会?

超高齢社会とはどんな社会なのか、グラフやイラストを豊富に用いてわかりやすく解説。地域や災害時のささえあい、町の工夫も紹介。

年をとると
できなくなることばかり？

教えて！ 年をとると どんなことがおきるの？

年をとると
体はおとろえていくけれど、
心は発達を続けていくよ。

だんだんと体が弱くなる

いま、日本では65さい以上の人が約3600万人います。そのうちの多くの人は元気にはたらいたり、地域の活動に参加したりして、すごしています。

けれどもさらに年をとっていくと、「フレイル」といって、自然と体重がへったり、骨や筋肉がおとろえたりすることがあります。また、脳のはたらきがおとろえる「認知症」（→10ページ）になる人もいます。

フレイルや認知症が進むと、自分ひとりで生活することがむずかしくなり、**介護**が必要になります。

📎 介護

ひとりでは生活するのがむずかしい人に対して、手助けをすること。買い物や料理など、家事の一部だけを手伝うこともあれば、食事やトイレ、入浴などのお世話をすることもあります。

体が弱っても、介護を受けることで自分らしい生活を送ることができます。

※お年よりの体の変化については、1巻でくわしくしょうかいしています。

健康	フレイル	介護が必要になる

仕事やボランティアで活躍したり、趣味を楽しんだりしている。

つかれやすくなる。筋力が落ちて、体を思うように動かせなくなり、けがをしやすくなる。

ひとりではできないことがふえて、ふだんの生活に手助けが必要になる。

いつまでも
健康（けんこう）でいることは
できないの？

食生活（しょくせいかつ）に気をつけたり
運動（うんどう）したりすることで、
長（なが）く健康（けんこう）でいることが
できるよ。

生活習慣（せいかつしゅうかん）に気をつければ健康（けんこう）を守（まも）れる

　年をとっても、日ごろから軽（かる）い運動（うんどう）を続（つづ）けることで、長（なが）く健康（けんこう）でいることができます。栄養（えいよう）が不足（ふそく）しないように、バランスのとれた食事（しょくじ）をたっぷりとることも大切（たいせつ）です。また、人と会（あ）っていっしょに活動（かつどう）することも心（こころ）を元気（げんき）にし、体（からだ）の健康（けんこう）をたもつことにつながります。

　一度（いちど）、筋力（きんりょく）がおとろえ、立（た）ったり歩（ある）いたりするのがむずかしくなった人でも、自分（じぶん）でできることは人の手をかりずに自分（じぶん）でしたり、リハビリテーション（→29ページ）を受（う）けたりすることで、健康（けんこう）を取（と）りもどせることがあります。

散歩（さんぽ）

孫（まご）と遊（あそ）ぶ

バランスの
とれた食事（しょくじ）

心（こころ）は発達（はったつ）し続（つづ）ける

　年をとると、体（からだ）のはたらきはおとろえやすくなる一方（いっぽう）、長（なが）い人生（じんせい）のなかで経験（けいけん）し、学（まな）んできたことが強（つよ）みになります。

　経験（けいけん）の積（つ）み重（かさ）ねがあるため、わかい人と同（おな）じものごとを見（み）ても、より深（ふか）い考（かんが）え方（かた）をすることができます。何（なに）かこまったことがおきたときも、あわてることなく、どうしたらいいか冷静（れいせい）に考（かんが）えることができ、その経験（けいけん）からさらに知恵（ちえ）を得（え）て、人にアドバイスすることもできます。

　このような心（こころ）の発達（はったつ）は、年をとっても続（つづ）くといわれています。

こうすると
泣（な）きやむのよ。

お年よりの知恵（ちえ）や言葉（ことば）にはげまされることもたくさんある。

元気（げんき）がない
みたいだけど、
何（なに）かあった？

教えて！ けがを防ぐために できることは？

年をとると、けがを
しやすくなる。そのけががもとで
さらに体がおとろえてしまう
ことがあるんだ。

家のなかの けがをしやすい場所と対策

玄関・トイレ

かがんだり、立ち上がったりするときにバランスをくずすことがあるため、手すりをつけるとよい。

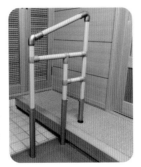

浴室・脱衣所

バスタブのなかやゆかはすべりやすいので、ゴムでできたすべり止めのマットをしく。寒いところから温かいお湯のなかに入ると、血圧が急に変化し、血管の病気がおこりやすい。脱衣所をヒーターで温めたり、おふろの温度を低めにしたりするとよい。

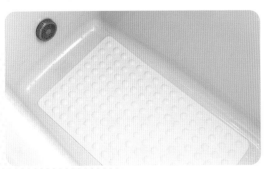

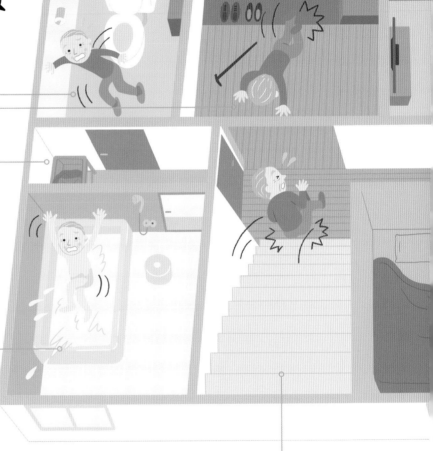

階段

階段から足をすべらせて落ちることがある。手すりをつけ、ゆかにゴムのマットをしいておくと安心。

家のなかでのけがが多い

年をとると足腰の筋力が落ちるため、住みなれた家のなかでもけがをすることがあります。ちょっとつまずいただけでも、骨を折るなどの大けがにつながることが多く、体を動かせずにいる間に、さらに筋力が落ちてしまいます。

けれど、少し工夫するだけで、家のなかの危険を取りのぞき、けがを防ぐことができます。

さがしてみよう！

お年よりや体の不自由な人は、生活のなかで不便だなと感じることがたくさんあります。すべての人がこうした不便をできるだけ感じずにすごせるよう、バリア（かべ）をなくす工夫をすることを「バリアフリー」といいます。町のなかにもバリアフリーの考えにそってつくられた建物や設備がたくさんあります。さがしてみよう。

キッチン

ガスコンロの火が周りのものや服にもえうつってやけどをする。コンロの周りは整理しておく。防炎加工したもえにくいエプロンを身につけるのもよい。

ダイニングなど

しきいにつまずかないように、スロープをつけて段差をなくす。カーペットのはしに足が引っかからないように、すべり止めのテープで止めておくとよい。

自分の家のなかの安全を
点検してみよう！
この本の、後ろの表紙の裏にある
ワークシートを使ってね！

寝室・廊下

夜、トイレなどに行くとき、暗くて足元が見えず、つまずくことがある。ベッドや部屋の出入り口の近くに、足元をてらすライトをつけておくとよい。

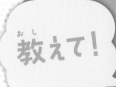

教えて！ 認知症って何？

介護が必要なお年よりには、認知症になっている人が多いよ。このページから認知症についてみていこう。

認知症

さまざまな原因で脳の細胞がこわれてしまったり、はたらきが悪くなったりすることで、記憶力や判断力などがおとろえ、日常生活を送るのがむずかしくなった状態をいいます。

※認知症かどうかは、症状や検査などの情報をもとに医師が判断します。

認知症によっておきる変化

年をとると、脳のはたらきが悪くなり、記憶力やものごとを判断する力などがおとろえていきます。その結果、「認知症」になることがあります。認知症が始まると、こんな変化がおきます。

同じことを何度も聞く

おばあさんはどこ？

だから、買い物に行ったんだってば。

前に聞いたことをおぼえられず、いまおきていることを知ろうとするため何度も聞く。

外出がへる

バス

道にまよったり、乗り物の乗り方がわからなくなったりして、外に出たがらなくなる。

料理やそうじをしなくなる

家事を段取りよく進めることができなくなり、やりたがらなくなる。

「ものわすれ」と認知症はちがう？

人間の記憶力は20代を境におとろえていくといわれています。「朝食に何を食べたか思い出せない」「先週会った人の名前をわすれた」といった「ものわすれ」は、年をとるにつれて、だれにでもおこることです。

これに対して認知症の場合は、朝食を食べたことや人に会ったこと自体をおぼえていない、という特徴があります。

朝ごはんまだかしら？

年をとるとみんなが認知症になるの？

日本では人口にしめるお年よりの割合が高くなる「高齢化」が進み、認知症の人の数もふえています。2050年には、認知症の人が14さい以下の子どもとほぼ同じ数になるという予測もあります。また、数は少ないものの、65さいにならないうちから認知症の症状が出る人もいます。だれもが認知症になるわけではありませんが、年をとるほどなる人がふえます。

これを受けて日本ではいま、認知症になった人が安心してくらせるしくみづくりと、認知症の発症や進行をおくらせる予防に力を入れています。

認知症患者と子どもの数のうつりかわり

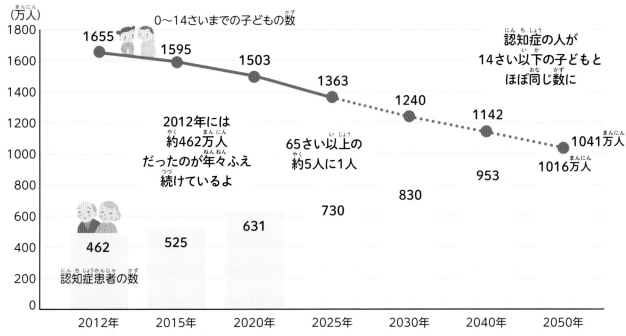

（万人）

0〜14さいまでの子どもの数

- 2012年：1655
- 2015年：1595
- 2020年：1503
- 2025年：1363
- 2030年：1240
- 2040年：1142
- 2050年：1016万人

認知症の人が14さい以下の子どもとほぼ同じ数に　1041万人

2012年には約462万人だったのが年々ふえ続けているよ

65さい以上の約5人に1人

認知症患者の数
- 2012年：462
- 2015年：525
- 2020年：631
- 2025年：730
- 2030年：830
- 2040年：953

出典：認知症患者数は、「65歳以上の認知症患者の推定者と推定有病率」（内閣府、2017年）より認知症有病率が上昇する場合の数値を引用して作成。
子どもの人口（0〜14歳）は、2020年までについては総務省「人口推計」、2025年以降は国立社会保障・人口問題研究所「日本の将来推計人口（令和5年推計）」より出生中位（死亡中位）推計をもとに作成。

わたしのおじいちゃんやおばあちゃんが認知症になったらどうなってしまうのかな？

子どもの数はどんどんへっている一方で認知症の人はふえているんだね。

治療を受けると、認知症が進むスピードをおそくすることができるよ。それから、周りの人が認知症のことを理解して上手にかかわることも大切なんだ。次のページで認知症のことをもっとくわしくみていこう。

調べてみよう！

全国の市区町村で、認知症の人と家族をささえる取り組みがおこなわれています。みんなの住んでいる地域ではどんな取り組みをしているか、調べてみよう。

11

教えて！ 認知症が進むとどうなるの？

脳のはたらきがおとろえることで

多くの人に共通しておこる症状
（中核症状）

少し前のことをわすれてしまう

あれ、買ってあった！

目の前のものが何かわからない

これは何をするためのもの？

段取りよくものごとを進められなくなる

カレーはどうやってつくるんだっけ？

いまがいつなのか、どこにいるのかがわからない

トイレはどっちだっけ？

あらわれる症状はさまざま

　認知症になった人に多くおこる症状を「中核症状」といいます。中核症状は、脳がうまくはたらかなくなることによっておこります。

　それにくわえ、心身の状態や認知症になったことで感じるストレスなどが引き金となり「周辺症状」があらわれる人もいます。

認知症が進んでも
うれしい、悲しいといった
感情はのこっているよ。

こんなに
たくさんの症状が
あるんだ！

心身の状態や
ストレスで

人によっておこる症状
（周辺症状）

ひとり歩き

会社に
行かなきゃ。

ひどい言葉を使う

バカに
するな！

ものをぬすまれたと思いこむ

わたしの指輪
とったわね！

妄想がおこる

わたしの悪口を言ってる……。

すいみんのリズムがくずれる

ねむれない……。

教えて！ 認知症になるとどんな気持ちになるの？

周りから見ると、認知症になった人は
何を考えているのか、わかりにくいことがあるかもしれないね。
けれど、心のなかではいつもいろいろなことを感じ、
考えているよ。

気持ち1 「急におこられて悲しい」

認知症になると、少し前のできごとがおぼえられず、何度も同じことを聞くことがあります。聞かれた人はいらいらして、「言ったじゃないか！」とつい声をあららげてしまうことがありますが、言われた本人は何度も聞いていることをおぼえていないので、おこられた理由がわからず、悲しくなってしまうのです。

あれ、学校に行かないの？具合でも悪いの？

今日は日曜日。学校は休みだよ。さっきから何回も言ってるじゃない！

孫のことが心配で声をかけたのに、おこられてしまった……。わたしはきらわれているのかしら？

おばあさんは、孫のことを気づかって声をかけただけなんだね……。

前にも聞いたことをおぼえていないから、こわい、悲しいという気持ちだけがのこってしまうんだよ。

気持ち 2 「これからどうなるのか不安でたまらない」

認知症になった人は、だれよりも自分の変化をはっきりと感じていて、「この先自分はどうなってしまうのか」という強い不安をもっています。

不安でねむれなくなる、家族からばかにされているように感じてひどい言葉を言ってしまう、といった周辺症状（→13ページ）を引きおこすことがあります。

認知症になると家族もとまどいますが、いちばんつらいのは本人だということを知っておきましょう。

ああ！また、なべをこがしちゃった！

認知症が進んでいるみたい。これからわたし、どうなっちゃうの……。火事をおこしたらどうしよう……。

もし家族が認知症になったら、やさしくせっすることができるといいな。

気持ち 3 「何もやる気がおきない」

認知症が進むと、さまざまなことに関心がもてなくなり、何かをする気力がわかなくなります。すきで続けてきた趣味も楽しめなくなることが多く、家にこもりがちになってしまいます。

今日は俳句の会に行かないの？

うん……。

このごろ、あまり本を読んでいないね。

うん……。

このごろ、何もやる気がおきないなあ。

すきだったことも楽しめなくなるとつらいね。

話してみよう！

わかい人でも病気やけがをすると、思うように体を動かせず不安になることがあるでしょう。みなさんはそんな経験をしたことがありますか？　友だちと話してみよう。

さらに
くわしく

認知症の原因は？
何をするといいの？

なおす方法は
あるの？

どうして
認知症に
なるの？

認知症の原因はさまざま

認知症がおこるのは、なぜでしょうか？ 認知症の原因となる病気は、70種類以上もあるといわれています。原因となる病気によって、どの症状が強くあらわれるか、ちがいがあります。

現在、認知症のなかでもっとも多いものはアルツハイマー病が原因でおこる「アルツハイマー型認知症」で、全体の約60～70%をしめます。ほかに脳の血管の病気が原因でおこる「血管性認知症」、レビー小体病が原因の「レビー小体型認知症」、脳の一部が小さくなることによっておこる「前頭側頭型認知症」とよばれるものなどがあります。

おもな認知症の種類

前頭側頭型
約1%

脳のなかの感情をつかさどる部分と記憶をつかさどる部分が小さくなることでおこる。気が短くなる、毎日同じ時間に同じ行動をする、といった特徴がある。

その他
約10%

アルツハイマー型
約60～70%

アミロイドベータというたんぱく質が脳にたまることによっておこる。少し前のことをわすれてしまう、いま自分がいる場所や時間がわからなくなる、といった症状があらわれ、ゆるやかに進行していく。

レビー小体型
約10～15%

レビー小体というたんぱく質が脳にたまる病気によっておこる。あるはずのないものが見える、妄想がおこるといった特徴がある。筋肉のこわばりもみられる。

血管性
約10～15%

脳こうそくや脳出血など、脳の血管がつまったりやぶれたりする病気が原因でおこる。脳のなかのきずついた部分だけがはたらかなくなるため、できることとできないことがはっきりと分かれる。

いろいろ
あるんだね！

※推計値のため数値にはばがあり、合計しても100%になりません。

認知症はなおせるの？

　残念ながら、現在は認知症を完全になおす治療法はみつかっていません。けれども、早く症状に気づくことができれば、薬を飲むことによって、進行をおくらせることができます。

　また、認知症になっても、自分でできることやよろこびを感じられることをすると気持ちが落ち着き、おだやかに生活することができます。

こんなことをするといいよ！

昔のことを語る

認知症になっても古い記憶はわすれにくい。わかかったころの楽しい思い出を語ってもらう。

音楽を聞く・歌う

音楽を通して脳に刺激をあたえ、はたらきをよくする。不安な気持ちを取りのぞく。

植物を育てる

植物の世話をして成長を見ることで、生きるよろこびを取りもどす。季節のうつりかわりを感じる。

ゲームをする

目や指、頭を同時にはたらかせ、おとろえを防ぐ。人とつながるよろこびを感じる。

屋外で軽い運動をする

運動をすることで脳の活動が活発になる。筋力のおとろえを防ぐこともできる。

ふだんの生活のなかでも、
簡単な家事をするとか、
自分ができることを自分でする
ことで、認知症の進行を
おくらせることができるんだ。

想像して
みよう！

家族が認知症に なったらどうする？

もしも、みんなの身近な人が認知症になったら、
それまでとちがった行動にとまどってしまうかもしれないね。
次のようなときは、どのようにせっするのがいいのかな？

場面 1　同じことを 何度も聞かれた

こうすると いいよ！ 👉　おこらないで答えてあげる
メモをはっておく

　何度も聞いてしまうのは、そのことがとても気にかかっていて、わからないと不安だからです。同じことを何度も聞かれると、いらいらしてしまうかもしれませんが、できるだけ、笑顔で答えてあげましょう。認知症になっても、人の気持ちは感じやすいため、おこられると、とてもつらい気持ちになります。何度も答えるのがたいへんなときは、紙に書き、すぐ気づくところにはっておくとよいでしょう。

運動会
いつだっけ？

何度も言っているのにな。
でもそれだけぼくの運動会
楽しみにしてくれているんだ。

運動会は9月23日だよ。
紙にも書いて
はっておくね。

9月
うん

調べてみよう！
　「認知症カフェ」は認知症になった人やその家族が集まり、お茶を飲みながら交流できる場です。全国に約7000か所以上あり、参加者がほっとできるような場所づくりをめざしています。みんなが住んでいる地域では、どんな認知症カフェがあるか調べてみよう。

身近な家族が認知症になると、
つらく感じることもあるかも
しれないね。認知症カフェや
地域包括支援センター（→22ページ）では、
家族のなやみも聞いてくれるよ。

場面 2 ごはんを食べたのに「ごはんはまだ？」と言われた

こうすると いいよ！👉 「○時にごはんになるよ」とつたえよう

認知症の人は記憶力にくわえ、脳の満腹感を感じる場所、「満腹中枢」のはたらきがおとろえています。そのため、ごはんを食べたのにおなかがすいているような気がして、食べていないと思ってしまうことがよくあります。

「○時になったらごはんだからね」と声をかけたり、いっしょにお茶を飲んだりしてすごしてみましょう。夕食後によく言われるようであれば、食事の量を少なめにして、あとからくだものや小さなおにぎりなどを出すという方法もあります。

ごはんは
まだかな？

7時になったら
ごはんだからね。

お茶を
いれたから飲んで
待っていよう。

場面 3 財布をぬすまれたと言われた

こうすると いいよ！👉 いっしょに財布をさがしてあげよう

人はだれでも自分の失敗をみとめたくないものです。認知症になってもそれは同じで、自分で財布のおき場所をわすれたものの、それを自分の失敗だとみとめたくないので、ほかの人のせいにしてしまうのです。認知症になると、「事実」と「想像したこと」を区別するのが苦手になるため、本人は本当にだれかにぬすまれたと思い、不安な気持ちでいます。

「心配だね」と声をかけて、いっしょにさがしてみましょう。あなたが財布のおき場所を知っているなら、本人が見つけやすいところに、そっとうつしておくのもよい方法です。

財布がないぞ！
だれだ、取ったのは！

それはたいへん！
いっしょにさがそう。

あ、あった！

よかったね！

認知症について、
不思議に思うことや、知りたいことを
サトウ先生に聞いてみよう。

おばあちゃん！

Q あてもなく外を
歩き回ってしまうのは
なぜ？

A 目的はあるんだよ。

　認知症の人はよく、あてもなく外を歩き回っているようにみられることがあります。
　けれども実際には、多くの人が目的をもって外出しています。ただ、空間をとらえる力がおとろえているため、目的の場所にたどり着くことができなかったり、とちゅうでどこに行こうとしていたか、わすれてしまったりするのです。
　家族に声をかけてもらったり、家のなかで楽しいことをみつけられたりすると、ひとり歩きがなくなることがあります。

なかには外を歩くのが楽しいと
感じている人もいるよ。そういうときは、
無理に外出を止めないでいっしょに
歩いたり、少しはなれたところから
見守ったりするのもいいよ。

ちゃんと理由が
あるんだね。

Q 夏なのにコートを着てしまうのはなぜ？

A 季節を理解するのがむずかしいんだ。

　いま、自分がいる場所や時間を理解するのがむずかしくなる「見当識障害」のためです。いまが夏なのか冬なのかわからないため、季節に合った服をえらぶのがむずかしくなります。

　体の変化も原因のひとつです。気温が上がると、人の体は熱を外に出そうとして、皮ふの血管に血液をたくさん送ったり、あせの量をふやしたりします。すると、体の表面の温度が上がり暑いと感じます。しかし、年をとると、こうした機能がおとろえるので、暑さを感じにくくなるのです。熱中症の危険があるので、周りの人が衣がえを手伝ったり、水分をとるようにうながしたりすることが大切です。

暑くないのかな？

Q 子どものときからできる認知症の予防法ってあるの？

A 規則正しい生活が予防のひとつになるよ。

　認知症には、かたよった食生活や運動不足など、生活習慣のみだれによっておこる血管の病気を原因とするものがあります。

　子どものころから早寝早起きをして栄養バランスのとれた食事をとり、体を動かす習慣をつけておくとよいでしょう。

調べてみよう！

クイズをといたり、勉強したりして頭を使うことも、認知症の発症や進行をおくらせる予防に効果があるといわれています。ほかにはどんな方法があるか、調べてみよう。

教えて！ 介護が必要になったら どうなるの？

体や脳がおとろえても介護を受けることが
できれば、いつまでも自分らしく楽しく、
くらすことができるんだよ。

介護のプロの力をかりてもいい

体のおとろえや認知症が進むと、家事を手伝ってもらったり、身の回りの世話をしてもらったりする介護（→6ページ）が必要になります。

けれども身近にいる家族も、仕事などにいそがしく、十分な介護をしてあげられないことがよくあります。

日本では65さい以上のお年よりのうち約20%の人が「介護保険サービス」という、プロによる介護を利用しています。

介護保険サービス

介護の必要なお年よりを社会全体でささえるしくみ「介護保険制度」のなかでおこなわれるサービスです。65さい以上で介護が必要とみとめられた人が利用することができます。サービスの利用にかかる料金は、税金や40さい以上の人がおさめた保険料などからはらわれます。サービスを利用する本人は少しの料金をはらうだけですみます（→4巻20ページ）。

介護保険サービスを受けるまで

介護保険サービスの利用を考えたら、まずは地域包括支援センターに相談するとよいでしょう。全国の中学校の学区ごとなどに設置されていて、お年よりのこまりごとや介護のあらゆるなやみをいっしょに考えてくれる場所です。

手続きをして、お年よりの体の状態やこまりごとをたしかめる「介護認定調査」を受けると、どのくらいの介護が必要かを判定する「要介護度」（→4巻20ページ）が決まります。

本人の希望に合わせたサービスをえらぶ

介護保険サービスには、短時間だけ買い物やそうじを手伝うものから、24時間専門の職員が見守るものまで、さまざまなかたちがあります。お年より本人がまだ自分でできることがたくさんある場合は、サービスを利用できる時間は短くなります。たくさんの手助けが必要な場合は、長時間利用する

こともできます。

また、自宅で受けられるサービスと、施設に通ったり住んだりして受けられるサービスがあります。どのようなサービスを受けるかは、本人と家族、ケアマネジャー（→32ページ）といった介護の専門家などが話しあって決めます。

さまざまな介護保険サービス

Aさん

これからも住みなれた家で
くらしたい。

ケアマネジャー

在宅介護サービス（→24ページ）を利用すれば、自宅での生活を続けられますよ。

Bさん

家族が家にいない昼間は
ひとりで家にいるのが不安だわ。

ケアマネジャー

日中だけ施設に行って介護を受けたり、ほかの利用者と交流したりする「デイサービス」（→26ページ）を利用してみましょうか。

Cさん

いつも見守ってくれる人がいる
施設に入りたいな。

ケアマネジャー

老人ホーム（→30ページ）に入ると、24時間介護や健康管理、リハビリテーション（→29ページ）を受けることができます。

※ここでしょうかいしているのは、介護保険サービスのほんの一部です。また要介護度によって、受けられるサービスはちがいます。　23

教えて！

家ではどんな介護が受けられるの？

年をとっても住みなれた家で
長くくらしたいと考える人は多いんだ。
さまざまなプロの手をかりることで
家での生活を続けられるよ。

在宅介護サービス

家で生活するお年よりが、できるだけ自立した生活を送るために利用できる介護保険サービスです。

さまざまな在宅介護サービス

ホームヘルパーや看護師に訪問してもらったり、福祉用具をレンタルしたりと、さまざまな在宅介護サービスを利用することで、自宅での生活を続けることができます。どんなサービスを利用するかは、本人や家族、医師などの意見をもとにケアマネジャー（→32ページ）が計画を立てます。

訪問介護

ホームヘルパーが家事の手伝い、トイレ・食事・入浴の手助け、通院のつきそい、薬の受け取りなどをおこなう。

訪問看護

健康に不安のある人を看護師が訪問して、健康チェックをおこなう。点滴など、治療のための処置もする。

福祉用具のレンタル

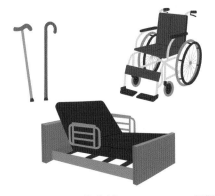

車いすやつえ、介護用のベッドなど、生活しやすくするための福祉用具を安い料金でかし出しする。

訪問介護の利用を始めたAさんの話

認知症のためにひとりで買い物に行く自信がなくなってしまったけれど、ホームヘルパーさんがいっしょに行ってくれるようになったおかげで、安心して自宅で生活を続けることができます。

ホームヘルパーの話を聞こう

宮内絵理奈さん

ホームヘルパーって どんな仕事？

利用者の家をたずね、家事の手伝いからトイレ・入浴の手伝い、通院のつきそいや薬の管理などをおこないます。介護福祉士などの資格をもつ人が担当します。

どんなお年よりと せっしていますか？

A　ほとんどの方がひとりぐらしをしています。数十分お手伝いをするだけで、あとは自分で家事をこなせる元気な人から、トイレやおふろのお世話が必要な人までいろいろな人がいます。

なかには言葉で自分の気持ちを話すのがむずかしい人もいますが、そうした人も目をよく見て気持ちをくみ取ると、「自分らしい生活をしたい」という思いを強くもっているのに気づきます。

どんなときにやりがいを 感じますか？

A　「来てもらってよかった。ありがとう」と言ってもらえるとうれしいですね。生活の一部をお手伝いすることで、利用者さんが望む生活を実現できるのが、この仕事のすてきなところです。

介護で大切なのは「その人によりそうこと」だと思います。笑顔であいさつすることも介護の一歩。この本を読んでいるみなさんも、近所のお年よりに会ったら、ぜひ声をかけてみてください。

おしゃれをして元気に 理容師・美容師の訪問カット

「おしゃれをしたいけど、美容室まで行くのがむずかしい」というお年よりのため、自宅や福祉施設に訪問してカットやひげそり、パーマ、かみぞめなどをする、福祉理容師、福祉美容師※もいます。

訪問カットをたのむお客さんは、筋力がおとろえ同じ姿勢をたもつのがむずかしいことが多いため、福祉理容師、福祉美容師は、ふつうよりも短時間でかみを切れるよう、修業を積んでいます。

「いつまでもきれいにしていたい」という気持ちによりそい、心から元気にする仕事です。

道具をそろえて自宅を訪問し、カット。ドライヤーでしあげます。

かみがたが整うと、明るい表情になります。

※「介護理容師」「介護美容師」とよばれることもあります。

25

「デイサービス」では どんなことをするの？

お年よりが楽しく通えるように、さまざまなレクリエーションをおこなっているよ。

デイサービス

生活の一部で介護を必要としている人が日中をすごし、ほかの利用者と交流する場所。人とつながり、よりよい生活を送ることができます。

デイサービスの1日

🕘 9時 利用者が登園

職員が利用者の家まで車でむかえに行きます。車は車いすにすわったまま乗りこむことができるようになっています。

🕙 10時 午前のレクリエーション

興味のある活動を楽しみながら、職員やほかの利用者と交流する時間です。習字や料理、卓球、手芸、工作、ゲームなど、さまざまな活動があります。

🕚 11時 体操

体のおとろえを予防するために、体操をします。ひとりずつ体の状態に合わせたリハビリテーション（→29ページ）もおこないます。

デイサービスに通いはじめたBさんの話

体が弱って、ひとりで外出するのがむずかしくなり、人と会ったり、趣味を楽しんだりする機会がへっていました。でもデイサービスへ来ればいろんな人と話ができて、楽しく活動できます。

🕛 12時 食事

栄養バランスのとれた食事をとります。薬を服用している人には飲みわすれがないように、職員が一人ひとりに手わたします。

🕑 14時 午後のレクリエーション

午前と同じように、それぞれ興味のある活動に参加します。

🕒 15時 おやつ

栄養や水分をおぎないます。

🕟 16時半 利用者が退園

送迎用の車に乗って、自宅まで帰ります。

> 自宅で入浴するのがむずかしい人は、入浴をする時間もあるよ。

> 楽しくて安心できる場所なんだね。

📍 調べてみよう！

利用者が心地よくすごせるよう、デイサービスではさまざまな工夫をしています。たとえば、茨城県水戸市にある「もみじ館」では、毎週水曜日に利用者がすきなときにお茶やコーヒーを飲めるカフェを開いています。みんなの家の近くのデイサービスではどんな工夫をしているか、調べてみよう。

介護職員の話を聞こう

中山雄太さん

介護職員って
どんな仕事？

食事やトイレ・入浴などの手助けをします。施設から家までの送りむかえや、レクリエーションの進行をすることもあります。介護福祉士という介護の専門の資格をもつ人が多くはたらいています。

Q 仕事をしていて 楽しいことは何ですか？

A 利用者のみなさんとお話しするのが楽しいです。昔の話をしてくれたり、方言を教えてくれたりと、お話を通してはじめて知ったことがたくさんあります。新聞をよく読んでいて、そのことについてお話しする人もいます。ぼくの祖父は急になくなってしまい、あまり話をすることができなかったので、「あのときもっと話していたらな」と、この仕事をしていて思います。

料理のレクリエーションをすることもありますが、みなさんぼくより料理が得意です。「お皿をあらっておくよ」「テーブルをふいておくよ」と手伝ってくれる人もいます。いつも助けてもらっています。

Q この本の読者に つたえたいことは？

A 施設に子どもが来ると、利用者のみなさんはとてもよろこびます。ふだん笑わない方も笑顔になるんです。ぜひおじいちゃん、おばあちゃんと話したり、遊んだりしてください。いっしょにボードゲームをやったり、本を読んでもらったりするのもいいでしょう。

筋力がおとろえて転びやすいお年よりのとなりにつきそいます。

介護をささえるマッスルスーツ

介護職員は自分で起き上がったり、体の向きをかえるのがむずかしい人を、だき上げたり体をささえたりして、手助けします。しかし、こうした動作を何度もくり返していると、腰をいためてしまうことがあります。それを解決するために開発されたのが、マッスルスーツです。身につけると、腰にかかる負担をへらすことができます。

マッスルスーツを身につけて、ベッドからお年よりをだき上げます。

機能訓練指導員の話を聞こう

清水勇斗さん

機能訓練指導員ってどんな仕事？

体の機能を回復させる訓練「リハビリテーション」を担当します。基本的な動きの訓練をする「理学療法士」、心と体の両面からささえる「作業療法士」、話す・聞く・食べることの訓練をする「言語聴覚士」などの資格をもつ人がいます。

Q どんな仕事をしていますか？

A　ぼくは理学療法士で、病気やけがなどで歩けなくなってしまった人、立てなくなってしまった人などのリハビリテーションを担当しています。

デイサービスに来る人は、毎日、看護職員（→33ページ）が体調のチェックをしているので、その日の利用者さんの体調に合わせた内容で、ひとり当たり20分くらいおこないます。

玄関の段差を上がるのがむずかしい人は、段差をまたぐ練習をするなど、生活に直接かかわる動作を練習します。

Q 仕事ではどんなことを心がけていますか？

A　利用者さんたちは、体に不自由なところがあっても、自分ができることをして生活を楽しんでいます。それでもリハビリテーションの効果が感じられないときは、気持ちが後ろ向きになったりやる気が落ちたりするものです。

「歩けるようになったら、お孫さんと遊べるようになりますよ」というふうに、訓練を続けることで、どのように生活がかわるか、はっきりとイメージできるような声かけを心がけています。利用者さんから、「前より歩くのが楽になったよ」と言ってもらえるとうれしい気持ちになります。

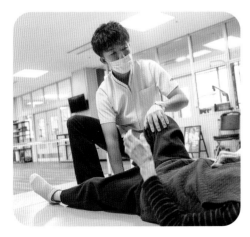

はじめに体にさわって筋肉をほぐします。

足腰が弱り、歩くことがむずかしくなった人の訓練。リハビリテーションを始めると、弱った足腰も回復していきます。

デイサービスではこんな人たちもはたらいているよ ▶ 利用者の健康チェックをする看護職員や、家族や本人の相談に乗ったり、利用者の通院先の病院と連絡をしたりする生活相談員などがはたらいています。

教えて！ 老人ホームってどんなところ？

老人ホームにはいろいろな種類があるよ。ここでは「特別養護老人ホーム」をみていこう。長時間の介護が必要になった人が安心して生活できる場所だよ。

特別養護老人ホーム

長時間の介護が必要になり、自宅での生活がむずかしくなった人が生活しています。24時間見守られ、一人ひとりに合った介護が受けられます。

安全で快適にすごせる場所

特別養護老人ホームには、食事をしたりレクリエーションをしたりする共有スペースと、ひとりでゆっくりとすごせる居室があります。

安全で快適にすごせるように、さまざまな工夫があります。

スタッフルーム

職員が待機している部屋。24時間、交代で利用者を見守る。

スタッフルーム
トイレ
エレベーター
脱衣所
共有スペース
浴室

浴室

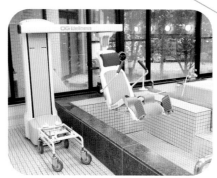

お年よりの体をもち上げて浴槽に入れることができるリフトがある。

あらい場。転ばないように背もたれのついたいすをおいている。

エレベーター

車いすのまま乗れるように、広いつくりになっている。

共有スペース

食事をとったり、レクリエーションをしたりする場。入居者同士や職員との交流の場にもなっている。

特別養護老人ホームに入居したCさんの話

ここではいつも見守ってもらえ、手助けしてくれる人がいるので安心です。共有スペースではほかの利用者と交流を楽しみ、居室ではすきなテレビ番組を見てすごしています。

居室

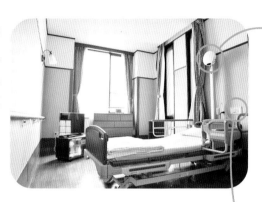

ベッドのほか、たんすやテレビがそなえつけられている。自宅からもってきた小物、趣味の道具などをおいたりして、自分らしくすごすことができる。写真はひとり部屋の居室。施設によっては2〜4人が共同でくらす部屋もある。

※イラストはイメージです。実際とはことなるところがあります。

見守りカメラ

赤外線カメラで写した画像が、職員が見ているパソコンに送られるため、何かあると職員がすぐ気づいてかけつけることができる。ナースコールとあわせて使う。

トイレ

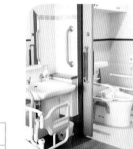

トイレは居室と共有スペースの両方にある。どちらも手すりがあり、車いすで入れるように広いつくりになっている。

ナースコール

まくらもとにあり、手助けが必要なときにボタンをおすと、職員が来てくれる。

中庭

天気のよい日は散歩することができる。

センサーを活用してよりよい介護を

ベッドにしく見守りセンサーもあり、職員のパソコンと無線で接続されています。職員はセンサーが読み取った一人ひとりのねむりの状態や心拍数をパソコン上で確認でき、目がさめた利用者さんを待たせることなく、ベッドから起こしたり、おむつを交換したりすることができます。急な体調の変化にもすぐ気づけます。

パソコンの画面。ベッドごとに情報が送られてきます。

ケアマネジャーの話を聞こう

蓼沼はるかさん

ケアマネジャーってどんな仕事？

お年より本人や家族の希望、介護職員、看護職員、医師、機能訓練指導員、管理栄養士など、さまざまな専門家の意見を聞き、介護の計画を立てます。

Q どうして介護の仕事につこうと思ったのですか？

A わたしが子どものころ、大すきだった祖母が、認知症になりました。祖母がいらいらしている様子や父と母が介護につかれている様子を見て、「だれも悪くないのに何でこうなってしまったんだろう」と思いました。その後、祖母は施設に入ったのですが、職員の方が祖母のことを「ユーモアがあって上品で、楽しい方ですね」とほめてくれました。それがうれしくて、この仕事につくきっかけになりました。

Q なぜ介護には計画が必要なのですか？

A たとえば、ご本人が歩けるようになりたいと強く望んでいても、急にはげしい訓練をすれば体をいためてしまうことがあります。介護職員、看護職員、機能訓練指導員、管理栄養士、生活相談員など、さまざまな専門家の意見を取り入れることで、無理のない計画を立てることができます。計画にそって、それぞれの専門家がチームとしてまとまり、ささえていくことで、よりよい生活を実現することができるんです。

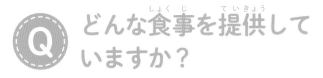

管理栄養士の話を聞こう

新堀由佳さん

管理栄養士ってどんな仕事？

利用者がバランスよく栄養をとり、健康でいられるように、一人ひとりに合わせた、安全でおいしい食事を考え、提供します。

Q どんな食事を提供していますか？

A 食べるのがすきな方が多いのですが、かむ力、飲みこむ力が弱い人は、食べ物をよくかみくだくことができず、のどにつまらせる危険があります。アレルギーなどの理由で、食べられないものがある人もいます。言語聴覚士（かむ力、飲む力の訓練を担当する）の資格をもった機能訓練指導員や介護職員、看護職員

看護職員の話を聞こう

塙愛子さん

看護職員ってどんな仕事？

看護師や准看護師の資格をもっていて、毎日、利用者の健康状態をチェックしたり、点滴の投与やけがの手当てをおこなったりします。利用者の通院にもつきそいます。

Q 仕事ではどんなことを心がけていますか？

A つねに笑顔でせっすることを心がけています。わたしは体と心はつながっていると思います。どんなに体がつらい人でも、笑顔でやさしい言葉をかけられると心が強くなり、奇跡のようなこともおこります。飲みこむ力が弱くなり、もう点滴で栄養をとるしかないと思われていた人が食事をとることを望み、それを見守った結果、なくなる間際まで食事を続けられたこともありました。

Q 仕事をしていてつらいことはありますか？

A 利用者さんの最期に立ち会うときはつらいです。でもご家族の方をよぶと、ご本人をかこんで「こんな人だったね」「あのときはこんなことがあったね」と思い出話に花がさき、何だか温かい気持ちにもなります。これからも利用者さんとたくさんの思い出をつくりたいです。

笑顔でやさしく声をかけながら血圧を測定します。

の話を聞いたり、医師や歯科医師の診断データをもとに、利用者さん一人ひとりに対してかたさや大きさを調整したり、塩分を加減したり、別の食材を使ったりと工夫しています。

利用者さんが食事をしているところにも行き、その食事が合っているか、すききらいがあるかを見たりして、どうしたらもっと食事を楽しんでもらえるかを考えています。

「魚がきらい」と言っていた人が苦手を克服して、食べてくれるようになったり、「おいしかったよ」と言ってもらえたりするとうれしくなります。

かむ力が弱い人には食材をやわらかくしたソフト食（上）や、舌でつぶせるムース食（下）を用意。

特別養護老人ホームではこんな人たちもはたらいているよ

▼

介護職員や機能訓練指導員、生活相談員といった人たちがはたらいています。また医師や歯科医師が訪問して体や口のなかの健康診断をします。

お年よりのいる施設を
たずねてみよう！

お年よりが生活する施設では地域の人と
交流できるイベントを開いたり、
ボランティアを受け入れたりしているよ。
施設をたずねてお年よりと交流してみよう。

近くの施設で
やっていないか
調べてみよう。

イベントに行ってみる

　特別養護老人ホームなどの施設では、お祭りなど、地域の人も参加できるイベントを開催しているところがあります。近くの施設で、イベントの予定がないか調べてみましょう。

介護体験に申しこむ

　施設の見学や車いす体験などができる「介護体験会」を開いている施設もあります。体験のあとには、施設で生活しているお年よりと交流できる場合もあります。

老人ホームに入居したＣさんの話

施設に入ってから近所に住んでいた孫と会う機会が少なくなりました。孫と同じ年ごろの子に会えると、とてもうれしいです。施設では職員のみなさんが楽しいイベントを準備してくれるので、ぜひ来てみてほしいです。

ボランティアに申しこむ

　より深くお年よりとかかわってみたい、介護に興味があるという人は、ボランティアにチャレンジしてみましょう。小学生からできるボランティアもたくさんあります。

　全国の市区町村にある社会福祉協議会は、ボランティアをしたい人とボランティアを必要としている施設をつなぐ役割をしています。インターネットにも情報がのっているので、あなたにできそうなボランティアはないか調べてみましょう。

　前にたずねた施設でボランティアをしてみたいと思ったら、電話をかけてボランティアを受け入れているか聞いてみるのもひとつの方法です。

そちらの施設では小学生がボランティアをすることはできますか?

こんなことに気をつけよう!

● 服装や持ち物は施設の指示にしたがいましょう。
● 施設に行く前には、必ず熱をはかって、体温が高いときは連絡を入れて休むようにしましょう。

ボランティアの例

お年よりの話し相手やゲームの相手になる。

レクリエーションの手伝いをする。

グループでたずね、合唱や合奏などをひろうする。

考えてみよう!

　ボランティアをするときには、相手を思いやる気持ちが大切です。話をするときは、どんなことに気をつけたらいいでしょうか?
　話す速度や目線の位置などについても考えてみよう。

こんなこと
できるよ！

お年よりと ささえあおう！

それぞれのよいところを生かそう

年をとり、体や脳のはたらきがおとろえてきたお年よりにくらべると、子どもは体力があり、新しく学んだことをすぐに吸収することができます。

一方で、長い人生を生きてきたお年よりは、わかい人が知らないことをたくさん知っていたり気配りが上手だったりと、すてきなところがたくさんあります。

子どもとお年よりのそれぞれのよいところを生かして、ささえあうことができます。

子どもが ささえる 認知症サポーター になる

認知症になった人を見守ったり手助けしたりする「認知症サポーター」の養成講座が全国でおこなわれています。

この講座では、認知症について正しく学び、参加者はどんな手助けができるかを考えます。子ども向けの養成講座も、全国の市区町村や小・中学校でおこなわれています。

兵庫県たつの市では、毎年小学校で認知症キッズサポーター養成講座をおこなっています。認知症の症状や、認知症になるとこまること、そして必要な手助けについて学びます。

調べてみよう！

子ども向けの講座「認知症キッズサポーター養成講座」は全国の市区町村でおこなわれています。近くで開催する予定はないか、調べてみよう。

認知症サポーターになった小学生が、道にまよってこまっている人をみつけ、おとなにつたえて、行方不明になるのを防いだこともあるんだよ。

駄菓子屋で子どもたちを見守る

千葉県にある、お年よりがくらす集合住宅「銀木犀」。その1階は子どもたちでにぎわう、駄菓子屋になっています。店番をしているのは80〜90代のお年よりです。

放課後になると、たくさんの子どもたちがおこづかいをもってやって来ます。

「今日は何時まで学校だったの?」「背が大きいねぇ」と、店に来た子どもたちにやさしく声をかけながら、商品をふくろにつめて、お金の受けわたしをしています。

通学路に面したところにあり、だれでも気軽に入れるようになっています。

お客さんが来る前におかしを入れるふくろを準備します。

小さな子どもから高校生まで、たくさんの人が来ます。

小さな子どもも取りやすいように気をつけて、商品をわたします。

買ったおかしは入居者のお年よりが集まるリビングで食べることもできます。※

銀木犀の
駄菓子屋に
来る人の声

お店のおばあさん、おじいさんとお話しするのが楽しいよ。

見守ってくれるから、子どもだけで買い物に行っても安心です。

ものを乱暴にあつかったとき、おばあさんから「それはいけないんだよ」と注意された。教えてもらってよかったと思う。

※感染症が流行しているときは、リビングの開放はおこなっていません。駄菓子屋の接客中はマスクをしています。

いくつになっても 幸せに生きるには?

考えてみよう!

これまでお年よりについて、いろいろみてきたね。どう思ったかな?

体が弱ったり認知症になったりしたら、つらいことばかりかと思っていた。でも、楽しくすごしているお年よりがたくさんいるんだね。

介護職員の人がお年よりに手伝ってもらうことが多いと言っていたわ。わたしのおばあちゃんも、家族のことをよく心配してくれている。それはこれからもかわらないかも。

自分がお年よりになったらどうだろう?

みんなもこれから年をとり、やがておじいさん、おばあさんになっていきます。そのとき、みんなはどのようにすごしたいですか? 考えてみると、これから先の長い人生をどう生きていくか、お年よりとどうせっしたらいいかがみえてくるかもしれません。

年をとってもかわいい服を着たいな。おばあちゃんも前はよく服を買いに行っていたよね。わたしが荷物をもつからいっしょに行こうよって言ったら、よろこんでくれるかな?

家族や友だちがいなくなってひとりになっちゃったら、さみしいな。近所でひとりぐらしをしているおじいさんは、どうだろう? 今度あいさつしてみよう。

いくつになっても自分らしく

　おじいさん、おばあさんはこれまで長い人生のなかでたくさんのことを経験してきました。100人のお年よりがいれば、100の人生があります。その人生の積み重ねが、一人ひとりの自分らしさをつくっています。

　「こんな生活をしたい」というお年よりの気持ちを周りが理解し、必要なところを手伝うことで、いくつになっても楽しく自分らしく生きていくことができます。

聞いてみよう！

　あなたの身近にいるおじいさん、おばあさんはどんなことがすきですか？　毎日やっていることはありますか？　おじいさん、おばあさんのことをもっと知ろう！

いくつになっても、
おじいさん、おばあさんが
やりたいことをやれるように、
見守っていきたいね。

4巻では、
超高齢社会とは
どんな社会なのか
みていくよ！

さくいん

監　　修	佐藤眞一
装丁・本文デザイン	鳥住美和子 (chocolate.)
表紙イラスト・まんが	朝倉千夏
本文イラスト	かまたいくよ
撮　　影	柴田大輔
企画編集	頼本順子・山岸都芳 (小峰書店)
編集協力	杉田充子・滝沢奈美 (WILL)、 野口和恵、山口舞
Ｄ　Ｔ　Ｐ	滝田梓・小林真美 (WILL)
校　　正	村井みちよ
写真提供	たつの市、PIXTA
取材協力	NPO法人 日本理美容福祉協会、 特別養護老人ホーム もみじ館、 サービス付き高齢者向け住宅 銀木犀、 株式会社シルバーウッド

【参考資料】
『〇×マンガで対応策がすぐわかる 身近な人が認知症になったら』(西東社)
『おばあちゃん、おじいちゃんを知る本2 どうしてすぐに忘れちゃうの? 認知症と病気』(大月書店)
『マンガでわかる! 認知症の人が見ている世界』(文響社)
『マンガ 認知症』(ちくま新書)

【監修】
佐藤眞一 (さとう しんいち)
大阪大学名誉教授／大阪府社会福祉事業団特別顧問
1956年東京生まれ。早稲田大学大学院文学研究科博士後期課程を終え、東京都老人総合研究所研究員、明治学院大学心理学部教授、ドイツ・マックスプランク人口学研究所上級客員研究員などを経て、2009年に大阪大学大学院人間科学研究科臨床死生学・老年行動学研究分野教授に就任。2022年に定年退職。博士 (医学)。専門は老年心理学、心理老年学。著書に『認知症の人の心の中はどうなっているのか?』(光文社新書)、『マンガ 認知症』(共著、ちくま新書)、『心理学で支える認知症の理論と臨床実践』(共編、誠信書房)、『老いのこころ』(共著、有斐閣アルマ)、『心理老年学と臨床死生学』(編著、ミネルヴァ書房)、『あなたのまわりの「高齢さん」の本』(主婦と生活社) など多数。

おじいちゃん、おばあちゃんを知ろう！
❸どうささえる？ 認知症・介護

2024年4月4日　第1刷発行

発　行　者	小峰広一郎
発　行　所	株式会社 小峰書店 〒162-0066　東京都新宿区市谷台町4-15 TEL 03-3357-3521 FAX 03-3357-1027 https://www.komineshoten.co.jp/
印刷・製本	図書印刷株式会社

© Komineshoten 2024　Printed in Japan
ISBN978-4-338-36503-1　NDC 367　40P 29×23cm

家のなかの安全を考えよう！

年をとると足腰の筋力が落ちるため、家のなかでも
けがをしやすくなります。8〜9ページも参考にして、
自分の家やおじいちゃん、おばあちゃんの住む家の
なかの安全を考えてみよう。

[記入例]

家でのけがを防ぐ工夫発見シート

4年 2組　名前 春村 さくら

家のなかでけがをしそうな場所はどこ？

場所は？	どんなけが？
① 階だん	すべって落ちる。
② バスタブ	すべって頭をぶつける。
③ げんかん	だん差につまずいてよろける。
④ リビング	じゅうたんにつま先をひっかけて転ぶ。
⑤ ろうか	夜は暗くてだん差に気がつかず、つまずく

こんなところをチェック
・段差がある
・すべりやすい
・暗い

安全にするための対策を考えよう

① 手すりをつけたり、すべり止めのマットをしいたりする。
② すべり止めのマットをしく。
③ 手すりをつける。
④ じゅうたんがめくれないようにテープで止める。
⑤ 足元をてらすライトをつける。

どんなことをするといい？
上の①〜⑤について、安全にするための対策を考えよう！

家のなかの安全について調べた感想

思ったよりもたくさんきけんがあることがわかりました。
おばあちゃんは高い所にある物を取ろうとして
ふみ台から落ちてしまったことがあるそうです。
物の置き場所を低い所にするのも大切だと思いました。

気づいたことや、これから家のなかを安全にするためにしてみたいことを書いてね。

※ワークシートはかならずコピーして使いましょう。